PHILIPPE LEGENDRE

J'apprends à dessiner
Noël

EDITIONS FLEURUS

Éditions Fleurus, 15-27, rue Moussorgski, 75018 Paris

À l'attention des parents et des enseignants

Tous les enfants savent dessiner un rond, un carré, un triangle… Alors, ils peuvent aussi dessiner un sapin, le Père Noël ou un ange. Notre méthode est facile et amusante. Elle apporte à l'enfant une technique et un vocabulaire des formes dont se sert tout dessinateur.

La construction du dessin se fait par l'association de formes géométriques créant un ensemble de volumes/surfaces. Il suffit ensuite, par une ligne droite, courbe ou brisée, de donner son caractère définitif à l'esquisse.

En quelques coups de crayon un motif apparaît, un peu de couleur et voici réalisée une belle illustration.

Cette méthode propose un apprentissage de la technique et une première approche de la composition, des proportions, du volume, de la ligne. Sa simplicité en fait une méthode où le plaisir de dessiner reste au premier plan.

PHILIPPE LEGENDRE

Peintre-graveur et illustrateur, Philippe Legendre anime aussi un atelier de peinture pour les enfants de 6 à 14 ans. Intervenant souvent en milieu scolaire, il a développé cette méthode pour que tous les enfants puissent accéder à l'art du dessin.

Quelques conseils

1. Chaque dessin est fait à partir d'un petit nombre de formes géométriques qui sont indiquées en haut de la page. C'est ce qu'on appelle le vocabulaire de formes. Il peut te servir à t'exercer avant de commencer le dessin.

2. Fais l'esquisse du dessin au crayon et à main levée. Attention, pas de règle ni de compas !

3. Les pointillés indiquent les traits de construction qui doivent être gommés.

4. Une fois ton dessin terminé, colorie-le. Si tu veux, repasse en noir le trait de crayon. Et maintenant, à toi de jouer !

V O C A B U L A I R E   D E   F O R M E S

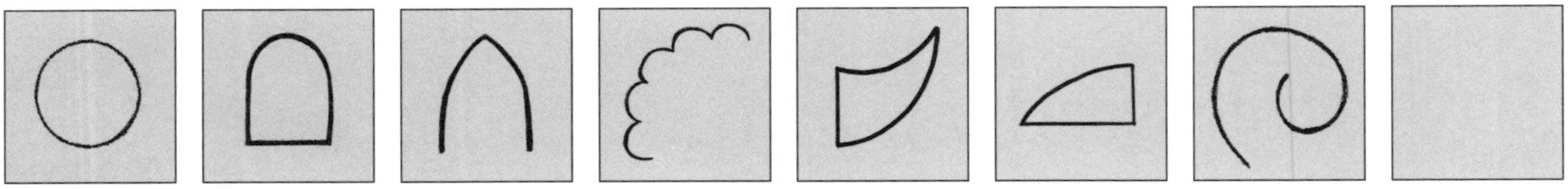

Saint Nicolas

V O C A B U L A I R E   D E   F O R M E S

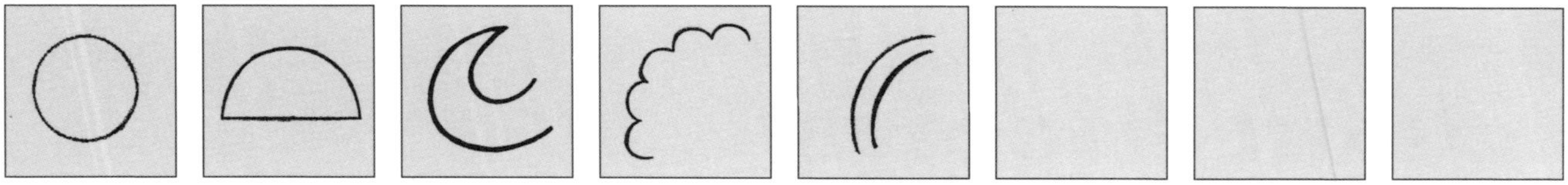

Le Père Noël

VOCABULAIRE DE FORMES

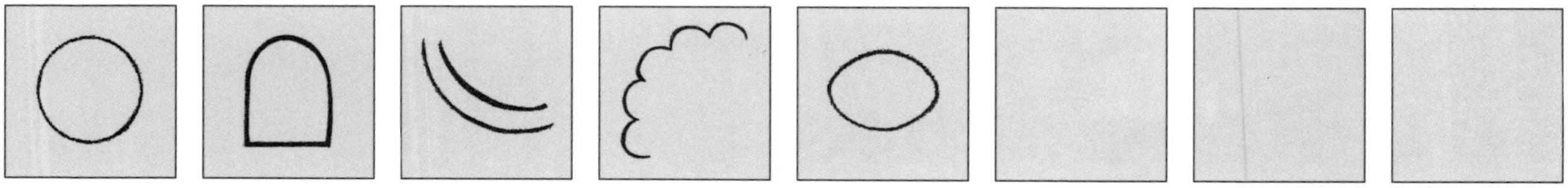

Sur les toits

V O C A B U L A I R E   D E   F O R M E S

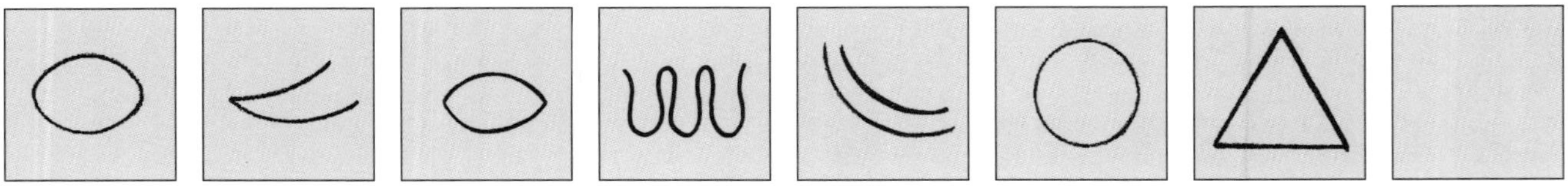

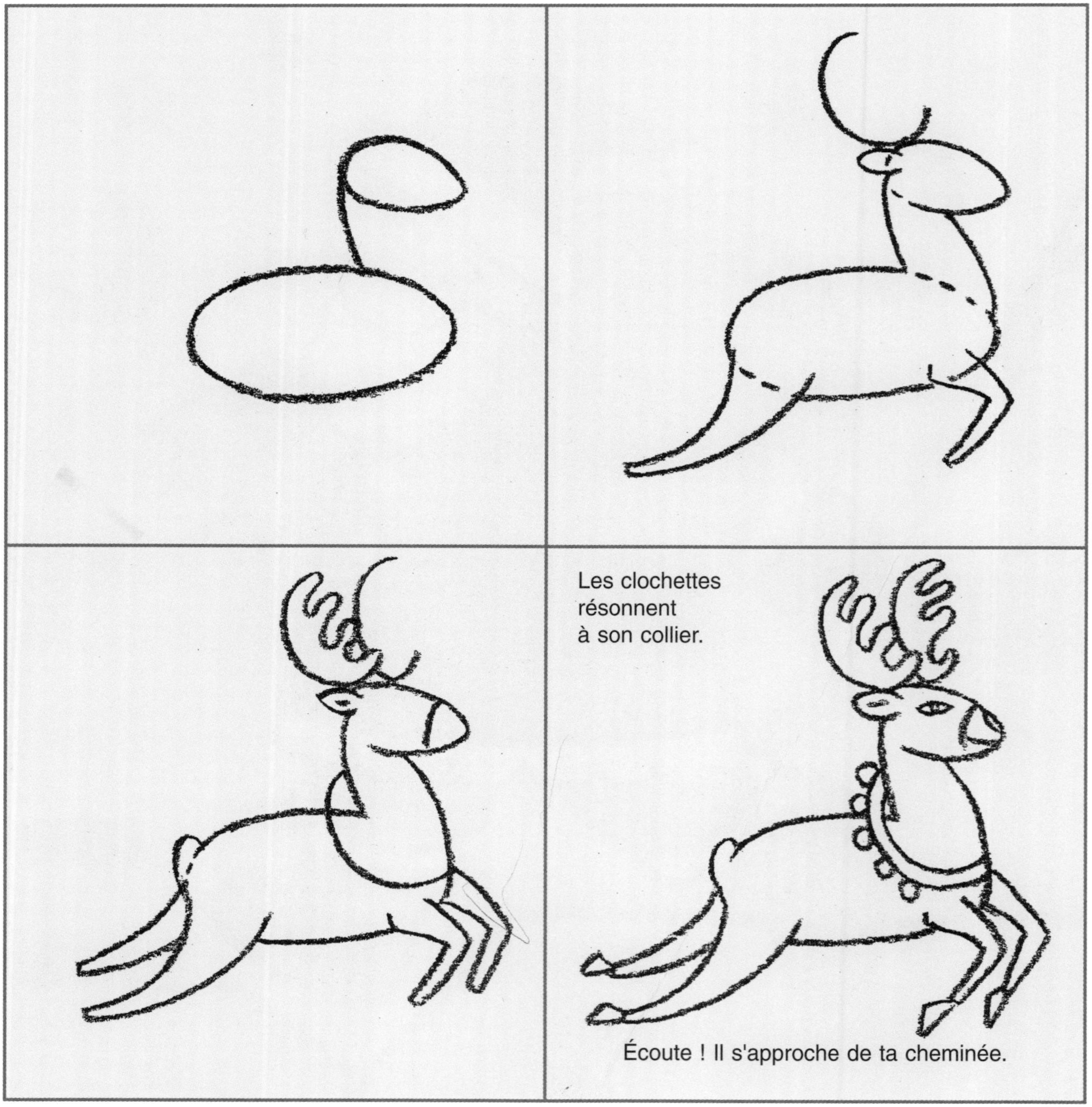

Le renne

V O C A B U L A I R E D E F O R M E S

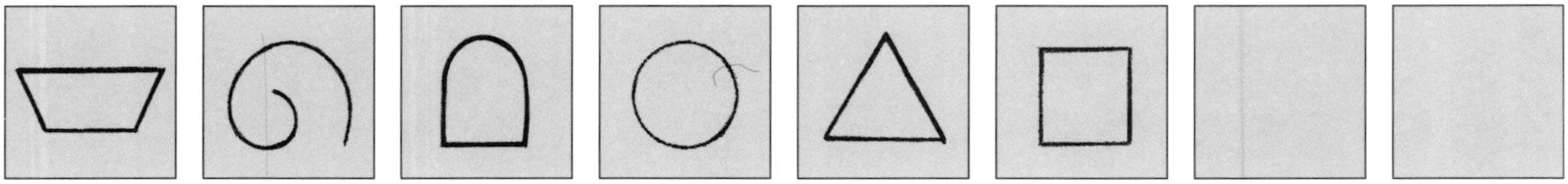

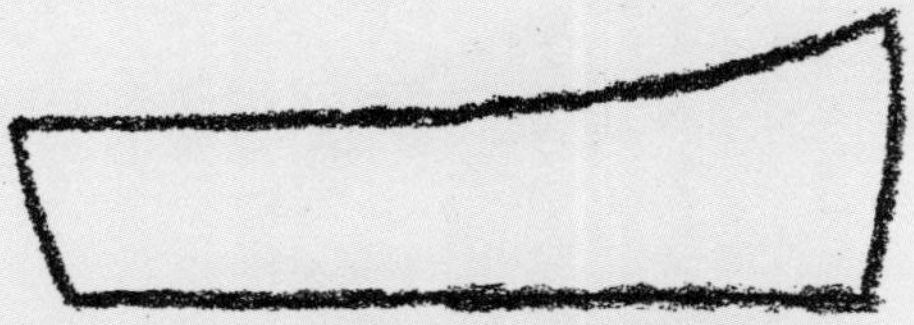

Il est léger comme l'air

et contient tous les jouets de la terre.

Le traîneau

V O C A B U L A I R E   D E   F O R M E S

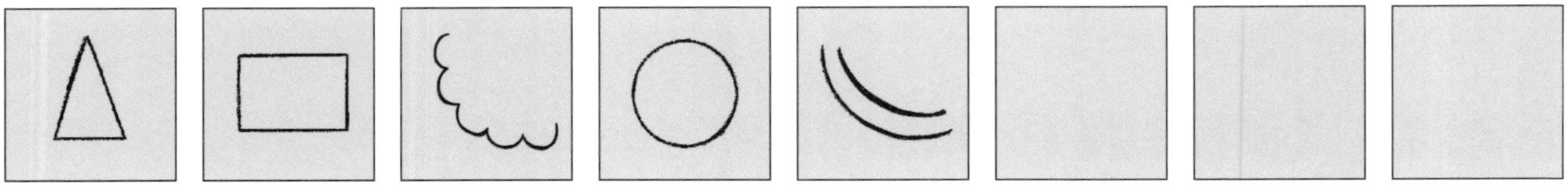

Le sapin décoré

V O C A B U L A I R E   D E   F O R M E S

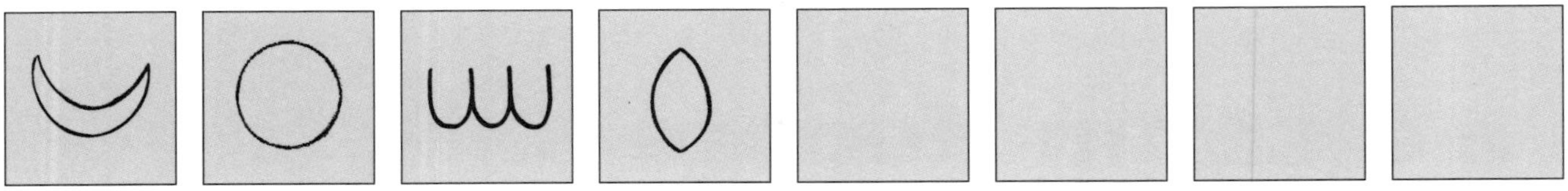

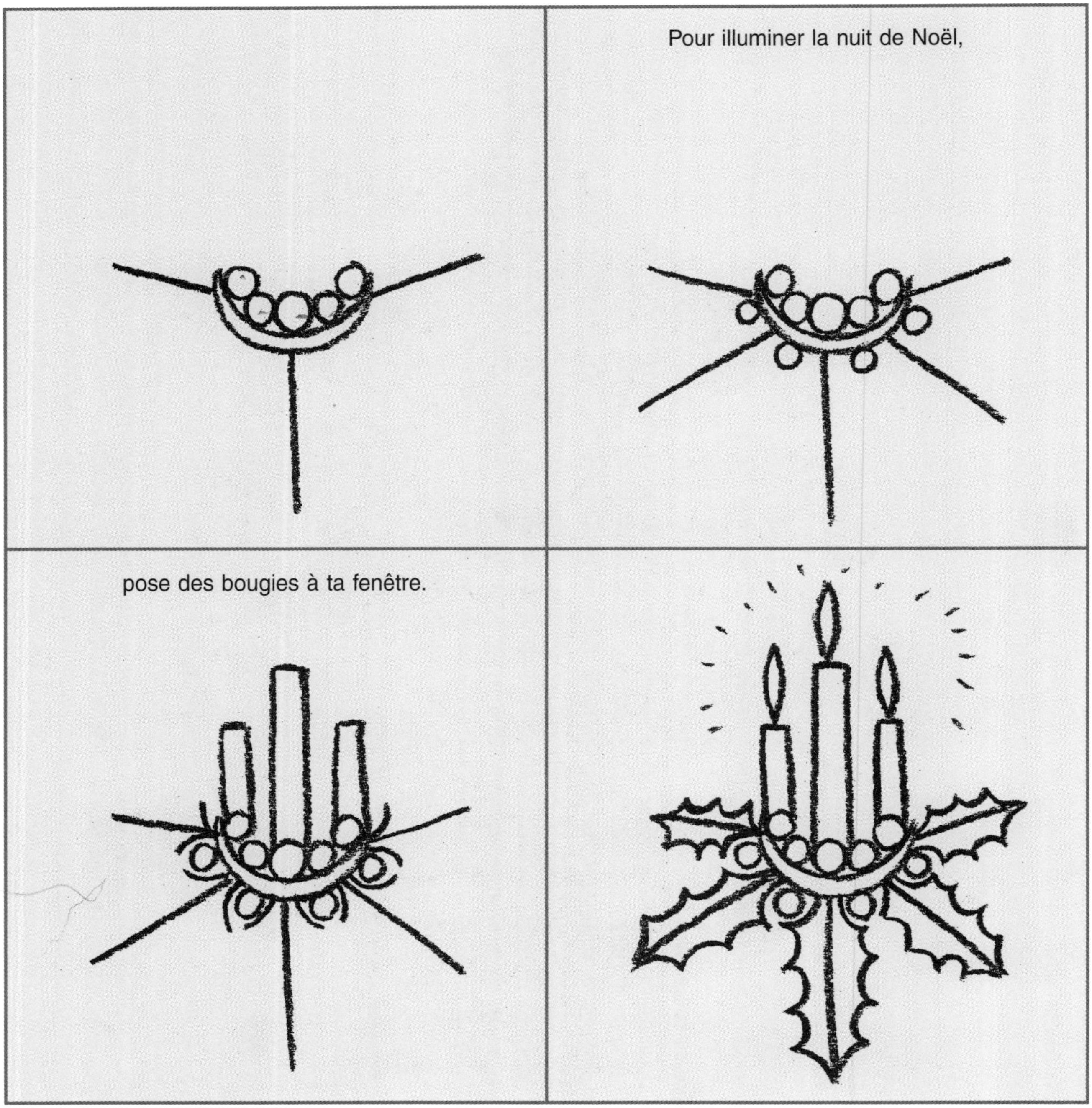

Les bougies de Noël

V O C A B U L A I R E   D E   F O R M E S

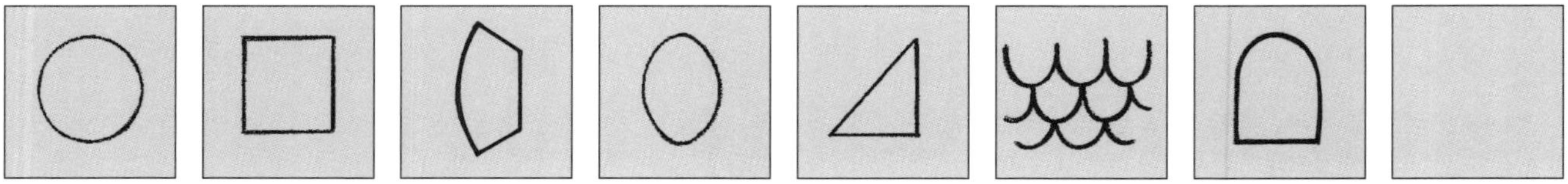

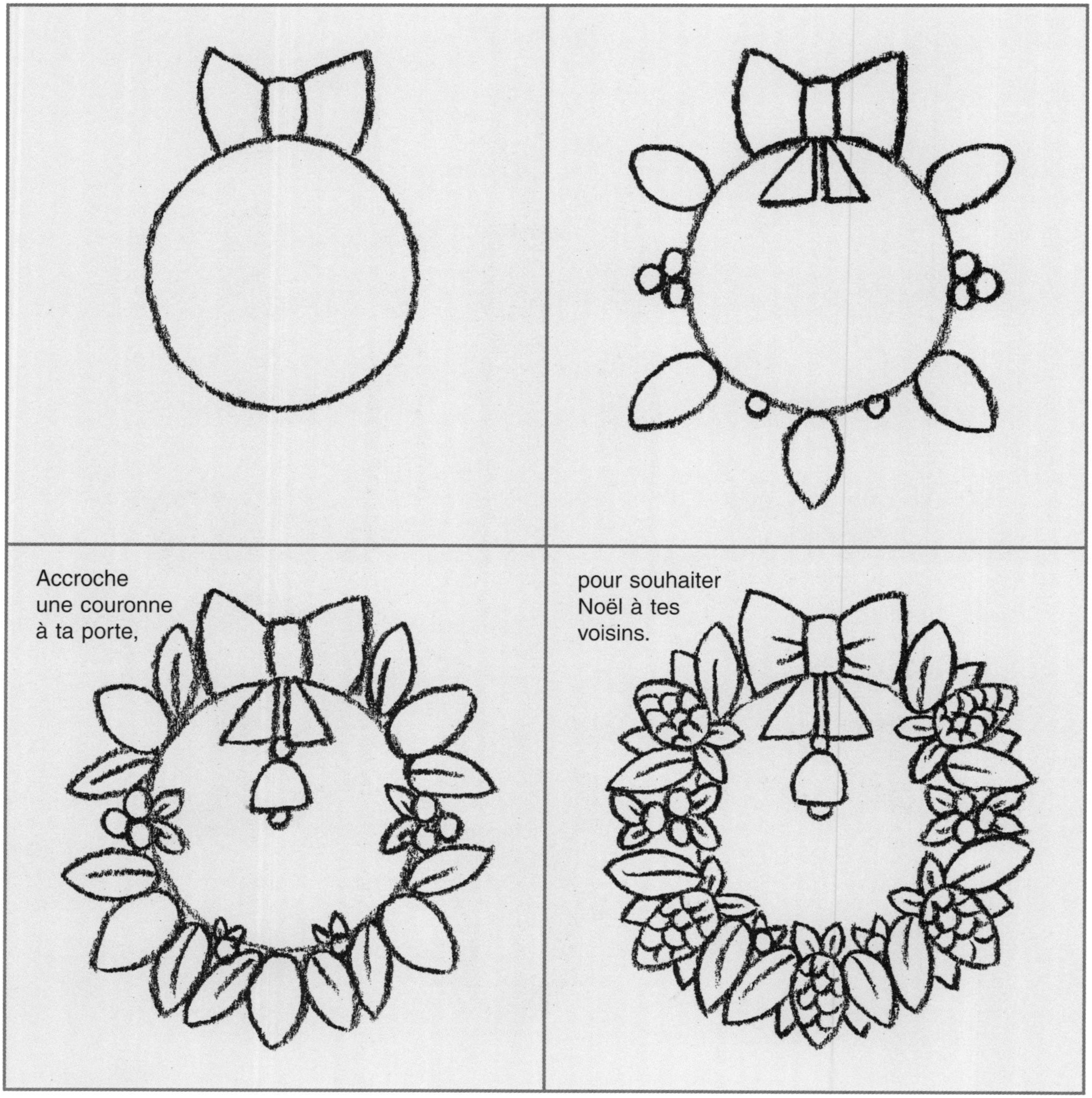

La couronne

V O C A B U L A I R E   D E   F O R M E S

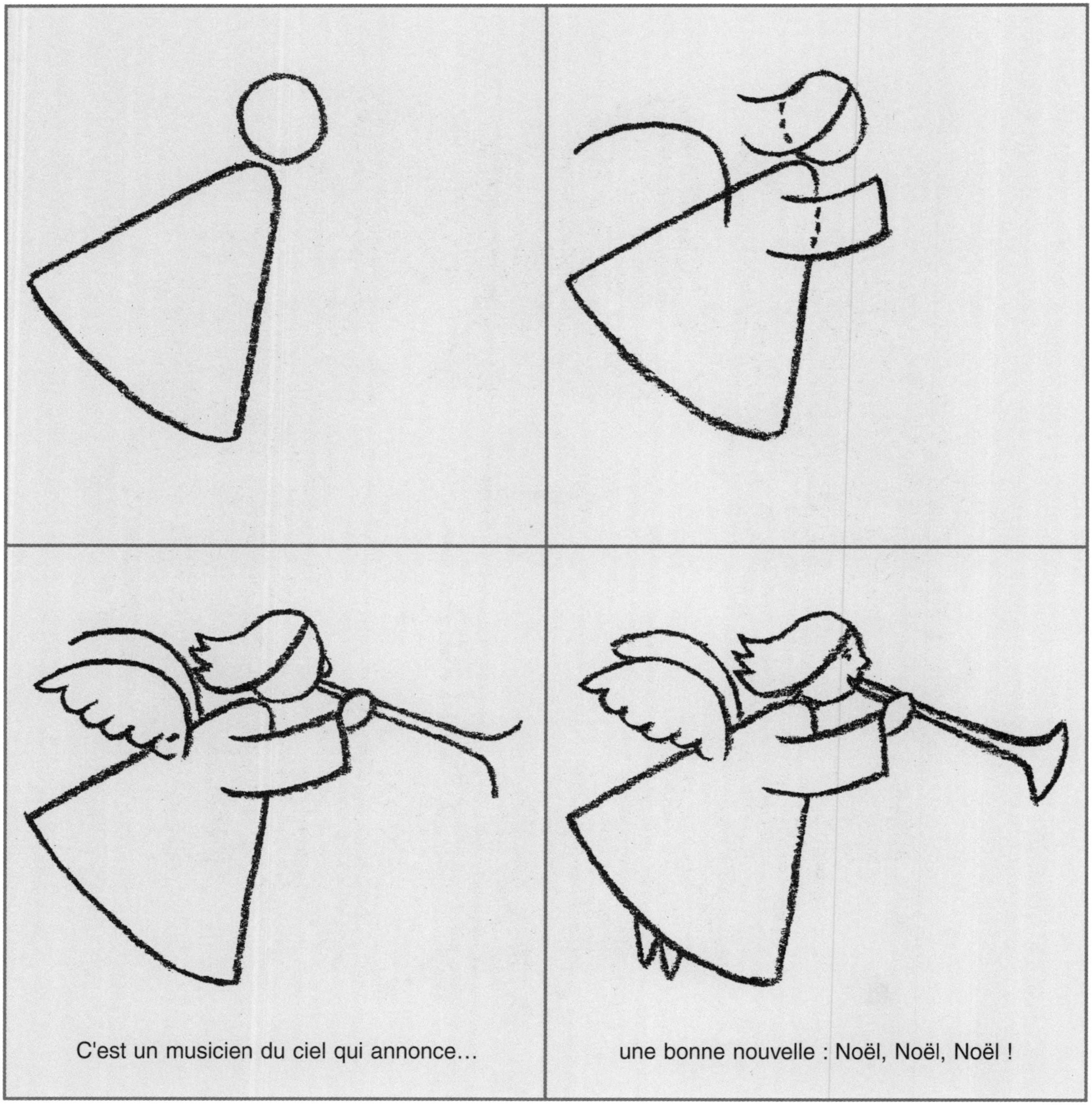

C'est un musicien du ciel qui annonce…

une bonne nouvelle : Noël, Noël, Noël !

L'ange de Noël

C'est bientôt la nuit magique, la nuit de Noël !

Dessine tes rêves et attends…

Collection J'apprends à dessiner

Les animaux d'Afrique
Les animaux de la forêt
Les animaux de la maison
Les animaux de la ferme
La mer
La campagne
La montagne
Le bord de l'eau
Les dinosaures
Les animaux du monde
Les animaux du Grand Nord
Les oiseaux du monde
Les belles lettres
J'apprends à peindre les couleurs
J'apprends à peindre à la gouache
J'apprends à dessiner au feutre
Les contes
Le cirque
J'apprends à dessiner au compas
J'apprends à dessiner au crayon de couleur
La famille
L'école
J'apprends à découper
Les monstres
L'Égypte
Les chevaliers et châteaux forts
Les Gaulois
Les sports
Les animaux de A à Z (128 p.)
Les pirates
La préhistoire
Mes personnages préférés de A à Z (128 p.)
Les voitures et les motos
Les camions
Les avions
Les bateaux
La crèche de Noël
Noël
Les métiers de A à Z (128 p.)
Les trains
Les princesses

Les compilations

La nature
Les animaux lointains
À peindre et à dessiner
Un monde magique
De jolis décors
La vie quotidienne
Les moyens de transports

Loi n°49-956 du 16 juillet 1949 sur les publications destinées à la jeunesse.

Direction éditoriale : Christophe Savouré
Suivi artistique : Elisabeth Dugon
Conception graphique : Isabelle Bochot
Gravure : Quat'coul à Toulouse

Dépôt légal : novembre 2003
ISBN 2-215-07542-2 / ISSN 1257-9629
octobre 2004 - 2e édition, n° 92416

Imprimé par ***Partenaires-Livres***® / cl, France